|栽|培|の|教|科|書|シ|リ|ー|ズ|

パルダリウム

小さな温室で楽しむ
グリーン・インテリア

ガラスケースなどの容器のなかで植物を育てるパルダリウム。
石や流木を配置させたり、専用の人工素材を用いることで、
さまざまな緑のある風景をつくることができる。
あなたは一体どんな植物で、どんな景色をイメージしますか？

植物栽培におけるパルダリウムのメリットは、湿度や温度管理がしやすいこと。
したがって、おもに湿度を好み、寒さを嫌う熱帯性の植物が向いている。
現在、パルダリウムにおすすめの植物はたくさんあり、
葉の形状や色彩、模様など、個性あふれるグリーンで彩ることができる。

C O N T E N T S

パルダリウム
小さな温室で楽しむグリーン・インテリア

パルダリウムの
アレンジ

手のひらサイズの小さな器から、大型のパルダリウムケージまで、さまざまなアレンジを紹介しよう。好みの植物を主役にして植栽したり、広い風景を連想してレイアウトしたり、パルダリウムはいろいろな表現が楽しめる。

Arrange

小さな容器でつくる
パルダリウム

小さなガラス容器や小型の水槽などで制作されたパルダリウム。
できるだけ小さな植物を使い、うまく配置させることで、狭い空
間でも広がりのある景色をつくり出すことができる。

フタ付きのガラス容器で
楽しむコケボトル

　アラハシラガゴケでつくったコケボトル。フタ付きのガラス容器（ガラスポットMARU／アクアデザインアマノ／φ95×H14.6㎝）にアクアソイルを入れ、コルク樹皮や龍王石を配置。底面や背面に造形材を入れて、コケをはれば完成だ。

　コルクや石を崖に見立て、高低差のあるレイアウトに仕上げているのがポイント。コケが山肌を彩るグリーンに見える。フタが付いているため、ボトル内の湿度が保たれ、コケは状態よく維持できる。置き場所は直射日光が当たらない明るい窓辺がベスト。

小さなアレンジ向きのLEDライトも各種市販されている。

2つの表情を味わう
小さなアレンジ

2つのガラス容器をひと組として楽しむ器（左・バンブーボトルSR2／W25.5xD12.5xH21.5㎝、右・バンブーボトルS2／W27xD11.5xH18㎝）でつくった作品。左ページ、円柱容器のアレンジでは、陸上と水中、それぞれ異なる世界を表現している。アラハシラガゴケとトキワシノブ、ハイグロフィラ・ピンナティフィダとヘテランテラ・ゾステリフォリアを植え、植物の違いを楽しむ。一方、右ページの作品では、ひとつの風景を連続して見せるアレンジに。木の質感を思わせる石（ウッドストーン）を使って連なる山の風景を形づくった。

小型水槽のなかに
広大な崖の景観を切り取る

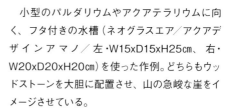

小型のパルダリウムやアクアテラリウムに向く、フタ付きの水槽（ネオグラスエア／アクアデザインアマノ／左・W15xD15xH25㎝、右・W20xD20xH20㎝）を使った作例。どちらもウッドストーンを大胆に配置させ、山の急峻な崖をイメージさせている。

底砂にはアクアソイルを使用し、石組みの背後やつなぎ目、植物を植える場所に造形君（ピクタ）を入れている。さまざまな形がつくれ、さらに植物の育成にも役立つ造形材の登場によって複雑なレイアウトをつくることが可能になった。

植物はウォーターローンやブセファランドラ、ニューラージパールグラス、リシアなどを。いずれも葉が小さくて、水辺を好む種類を合わせている。小さな葉の植物を植えることで、広大な風景を演出できる。育成には小型のLEDライトがあると便利。水切れに注意して管理する。

流木の流れを生かした
小さなパルダリウム

　天然素材の流木をメインに、背面を造形材で覆って
つくられた小さなパルダリウム。小型水槽（クリスタル
キューブ／コトブキ工芸／W15×D15×H20㎝）でも、
十分に自然感のあるレイアウトと多彩な植物の育成が
楽しめる。

　流木はちょうどよいサイズのものを奥から手前に流れ
るように配置させ、流木の基部に植物を植えていくのが
コツ。クリプタンサスやフィットニア、フィカス・シャン
グリラ、フィカス・プミラ・ミニマなどを植えている。赤
葉の種類をひと株、ポイント的に入れると変化が生まれ
て、よい雰囲気に。

Arrange

04

栽 培 の 教 科 書 シ リ ー ズ

パルダリウム

小さな温室で楽しむ
グリーン・インテリア

introduction

ガラスケースなどの容器のなかで植物を育てるパルダリウム。石や流木を配置させたり、専用の人工素材を用いることで、さまざまな緑のある風景をつくることができる。あなたは一体どんな植物で、どんな景色をイメージしますか？

植物栽培におけるパルダリウムのメリットは、湿度や温度管理がしやすいこと。したがって、おもに湿度を好み、寒さを嫌う熱帯性の植物が向いている。現在、パルダリウムにおすすめの植物はたくさんあり、葉の形状や色彩、模様など、個性あふれるグリーンで彩ることができる。

C O N T E N T S

パルダリウム
小さな温室で楽しむグリーン・インテリア

パルダリウムの
アレンジ

手のひらサイズの小さな器から、大型のパルダリウムケージまで、さまざまなアレンジを紹介しよう。好みの植物を主役にして植栽したり、広い風景を連想してレイアウトしたり、パルダリウムはいろいろな表現が楽しめる。

Arrange

小さな容器でつくる
パルダリウム

小さなガラス容器や小型の水槽などで制作されたパルダリウム。
できるだけ小さな植物を使い、うまく配置させることで、狭い空
間でも広がりのある景色をつくり出すことができる。

フタ付きのガラス容器で
楽しむコケボトル

　アラハシラガゴケでつくったコケボトル。フタ付きのガラス容器（ガラスポットMARU／アクアデザインアマノ／φ95×H14.6cm）にアクアソイルを入れ、コルク樹皮や龍王石を配置。底面や背面に造形材を入れて、コケをはれば完成だ。

　コルクや石を崖に見立て、高低差のあるレイアウトに仕上げているのがポイント。コケが山肌を彩るグリーンに見える。フタが付いているため、ボトル内の湿度が保たれ、コケは状態よく維持できる。置き場所は直射日光が当たらない明るい窓辺がベスト。

小さなアレンジ向きのLEDライトも各種市販されている。

2つの表情を味わう
小さなアレンジ

　2つのガラス容器をひと組として楽しむ器（左・バ
ンブーボトルSR2／W25.5xD12.5xH21.5㎝、右・
バンブーボトルS2／W27xD11.5xH18㎝）でつくっ
た作品。左ページ、円柱容器のアレンジでは、陸上
と水中、それぞれ異なる世界を表現している。アラハ
シラガゴケとトキワシノブ、ハイグロフィラ・ピンナティ
フィダとヘテランテラ・ゾステリフォリアを植え、植
物の違いを楽しむ。一方、右ページの作品では、ひ
とつの風景を連続して見せるアレンジに。木の質感を
思わせる石（ウッドストーン）を使って連なる山の風
景を形づくった。

Arrange

03

小型水槽のなかに
広大な崖の景観を切り取る

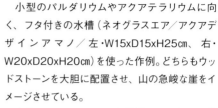

　小型のパルダリウムやアクアテラリウムに向く、フタ付きの水槽（ネオグラスエア／アクアデザインアマノ／左・W15xD15xH25㎝、右・W20xD20xH20㎝）を使った作例。どちらもウッドストーンを大胆に配置させ、山の急峻な崖をイメージさせている。

　底砂にはアクアソイルを使用し、石組みの背後やつなぎ目、植物を植える場所に造形君（ピクタ）を入れている。さまざまな形がつくれ、さらに植物の育成にも役立つ造形材の登場によって複雑なレイアウトをつくることが可能になった。

　植物はウォーターローンやブセファランドラ、ニューラージパールグラス、リシアなどを。いずれも葉が小さくて、水辺を好む種類を合わせている。小さな葉の植物を植えることで、広大な風景を演出できる。育成には小型のLEDライトがあると便利。水切れに注意して管理する。

流木の流れを生かした
小さなパルダリウム

　天然素材の流木をメインに、背面を造形材で覆ってつくられた小さなパルダリウム。小型水槽（クリスタルキューブ／コトブキ工芸／W15×D15×H20㎝）でも、十分に自然感のあるレイアウトと多彩な植物の育成が楽しめる。

　流木はちょうどよいサイズのものを奥から手前に流れるように配置させ、流木の基部に植物を植えていくのがコツ。クリプタンサスやフィットニア、フィカス・シャングリラ、フィカス・プミラ・ミニマなどを植えている。赤葉の種類をひと株、ポイント的に入れると変化が生まれて、よい雰囲気に。

流木のすき間から葉を広げる獅子葉タイプのアスプレニウム。

ケースの背面には吸水性に優れたフォーム材「植えれる君」を使用。谷型の構図でカットした。

多彩な色と柄が魅力
ブロメリアが主体のアレンジ

　エキゾチックな雰囲気漂うブロメリアを主体にしたパルダリウムだ。背面に排水口、天板にミストノズルを固定させる穴が装備されているスクエアケージプロ（ゼロプランツ／W30×D30×H45㎝）を使用した。

　流木に固定されているのはタンクブロメリアと呼ばれる種類で、筒状のタンク部分に水を蓄えられるため、土を使わずに流木などに巻きつけて栽培することができる。一方グラウンド種と呼ばれるタイプは通常の植物と同じように土などに植えつけて育成させる。ここではタンク種のネオレゲリア各種とエクメア・ヌーディカリウス、グラウンド種のクリプタンサス各種を植栽し、色あざやかな作品に仕上げた。

水辺を好む植物でまとめる

　アクアリウムでも用いられる南米ウィローモスやブセファランドラ、ヒドロコティレを中心に、岩場にはモウセンゴケ、背面にはヒメイタビを植栽している。エピウェブパネルと造形材、溶岩石を用いたレイアウトで、水辺の生き生きとした風景を生み出している。

食虫植物の仲間で、水辺を好むモウセンゴケ。

ジャングルを連想させる 配置と植栽の工夫

　アクリル製のケース（VR30／アリオンジャパン／W30×D30×H45㎝）を使用。背面にコルクボードを入れ、底砂はソイルのみを厚めに敷いている。余分な水はトレーに落ちる仕組みになっているため、底面に軽石やゼオライトは必要ない。

　レイアウトは、中央奥に樹齢40年のカポックの根を配置しているのが特徴。ずっしりと根を張る熱帯雨林の大木を思わせる形状だ。この枝ぶりをレイアウトの骨格にして、左右上下にさまざまな植物を植え込んだ。ネオレゲリアやセローム、コルジリネ、ネフロレピス、ペリオニア、ウォーターマッシュルームなど、個性の異なる植物をバランスよくまとめ、枝や葉の重なりによって奥行きのある世界を表現している。

ケージ内を下から見上げる。葉の重なり具合と陰影によって、中央のカポックが大木に見えてくる。

余分な水はトレーに落ちる仕組みで、たまった水を引き出して簡単に捨てることができる。水を入れたままでケージ内の湿度を保つことも。

小さな食虫植物を取り入れて
魅惑的な景観をつくる

　植栽の主役は、ネペンテスやサラセニアといった食虫植物。虫を捕らえるための個性的な形状が魅力の植物で、観賞価値が高い。さらにその独特な雰囲気から、まだ見ぬジャングルの奥地を連想させる効果も。水分を好む種類が多いため、とくに小型種はパルダリウムで管理しやすいというメリットもある。

　使用したケースはアリオンケージVR30（アリオンジャパン／W30×D30×H45㎝）。背面にコルクボードを入れ、底にはアクアソイルを厚めに敷いている。余分な水は下のトレーに落ちるので、手軽に排水でき、適度な湿度を保つことができる。背面にはフィカス・プミラやピペルspを這わせ、ネペンテス・アラータやハイゴケを活着させた流木を配置。さらにスパティフィラムやアグラオネマ、サラセニア・プルプレアなどを植え込んでいる。明るめの照明を設置して、適度に霧吹きをして管理するとよい。

葉の先端につける壺が魅力のネペンテス。小型種はパルダリウムにもおすすめ。

サラセニアは筒状の捕虫葉をもつ食虫植物で、湿地に自生する。

あらかじめ、流木にコケやつる性植物などを着生させ、レイアウトに利用する。

Arrange 17

苔むした森林内の洞窟へ陰影あるレイアウトをつくるには

幅60cmのパルダリウムケージ（W60×D45×H45cm）でつくられたアレンジ。ブランチタイプのエピウェブ使用したもので、立体的な構造になっているのが特長だ。

背面にエピウェブパネルを入れ、さらにブランチのエビウェブを、右奥から左手前に向かって配置させている。その表面に造形材を塗り、ウィローモスをはりつけた。そのほか、シダ類やホマロメナ、ホシクサ、プレミアムモスなどを植栽し、みずみずしい緑の世界に。徐々に植物が生長して繁茂してくると、まるで苔むした洞窟の入口を思わせる景観に仕上がっくる。

まるで洞窟の入口を思わせる、陰影をつけたレイアウト。ウィローモスが生長すると味わい深い雰囲気に。

天然素材を上手に組み合わせ
バランスよく植物を配置する

水草水槽でも使用されるハイグロフィラ・ピンナティフィダは丈夫で使いやすい種類。

葉の模様が個性的で、一段と目を引くギムノスタキウム。石組みの足もとに植えつけると自然に見える。

保水性と吸水性に優れたシート「ハイグロロン」に着生させて育つ、緑あざやかなハイゴケ。

　こちらも幅60cmのパルダリウムケージ（W60×D45×H45cm）でつくられた作品。枝状の流木と溶岩石をメインにしたパルダリウムで、繊細な葉が印象的な植物を集めて植栽されている。

　背面にパネル状のエピウェブを入れ、その上を保水性と吸水性に優れたハイグロロンで覆い、ハイゴケなどを着生させている。石に活着しているのはハイグロフィラ・ピンナティフィダで水辺を好む植物。トキワシノブやミクロソラム、アスパラガス、ギムノスタキウムなどを植え込み、ナチュラルで涼しげな水辺の風景を再現している。

大型ケースに再現された
苔むす巨木の生命力

　高さのある大きなパルダリウムケージ
（W45×D60×H90㎝）を、おもに側面か
ら眺めるようにしてつくられたアレンジだ。
正面は扉の枠があって、多少景観の邪魔を
するが、側面から眺めれば、ガラス1枚ですっ
きりと作品全体を見渡せる。

　レイアウトは、高さを生かして組み上げた
流木を骨格にして、さまざまな植物が植えら
れている。上から下へ、広がるようにして配
置された流木は、まるで巨木の根元を見て
いるよう。底床には黒軽石と赤玉ソイルを
入れ、複数のホーンウッドを使って高く組ん
だら造形材で覆っていく。

　コケはおもにコフサゴケを使用。木の窪
み部分には、ブロメリアのネオレゲリア・マー
ティン、タマシダ・ダッフィーなどを配置。
このほか、ヒメイタビやフィカス、ピペル、
マルクグラビア・ファフィドフィラ、コドノボ
エア、テクタリア、ミクロソラム、ディプラ
ジウムなどを植栽した。異なる個性の植物
をたくさん取り入れ、緑豊かなまとまりのあ
る景観を形づくっている。

光に向かって葉を広げるネオレゲリアとタ
マシダ。自然感あふれる植栽。

流木の表面にはコケが覆い、フィカスなど
のつる性植物も絡ませている。

パルダリウムに必要なアイテム

パルダリウムをはじめるためには、水槽やケージなどの容器のほかに、植物をよりよく育てるための用土やレイアウト素材が必要になってくる。さまざまなアイテムが市販されているので、それぞれの特長を理解して、パルダリウムのイメージに合わせて選んでみよう。

Item

フタがついていてパルダリウムにも使用できる小型水槽（グラステリアフィットシリーズ／ジェックス）。いろいろなサイズがある。

水辺の植物を育てて楽しむ「ほとりえシリーズ」（水作）。ソイルやレイアウト素材、植物のタネなどがセットに。

Item 01 容 器

パルダリウムには、植物を入れるための容器がなければはじまらない。ガラスやアクリルなど透明な容器であれば、どんなものでも使用できるが、ある程度密閉できるタイプのものが好ましい。容器にフタや扉をつけることで、容器内の湿度が保たれ、おもに水分を好む植物が管理しやすくなる。一般にフタのないオープンな容器を用いるテラリウムとの大きな違いがここにある。コケやシダのほか、ブロメリア類、食虫植物、着生ラン、ジュエルオーキッドなどがパルダリウム向きの植物だ。水やりなどの手間がかからず、パルダリウムのほうが状態よく生長する種類は意外と多い。

容器のサイズは、小さなものから大きなものまでさまざまだ。小型のものではキャップのついたボトルのようなものでも楽しめる。今では小型の水槽でもフタが付いていて、陸上の植物を育てるアレンジにも対応する製品もある。小型容器はちょっとしたスペースがあれば、手軽にはじめられて便利だ。

本格的なパルダリウムをめざすなら、専用のガラスケースを用いるとよい。小型の容器よりもたくさんの植物を育てることができ、いろいろな素材を駆使して、多彩なレイアウトをつくりあげることができる。パルダリウムケージは、おもに正面に扉がついていて、作業がしやすいものがほとんど。また、湿度を保ちながら蒸れを防ぐための適度な通気口があったり、植物の根腐れを防ぐため、余分な水が溜めないように排水口がついていたり、さまざまな工夫が施されている。幅30cm程度のものから60cm以上のものまでサイズも選べる。

手のひらサイズの「バンブーボトル」。コケをメインにした小さなアレンジなどに。

ボトルのフタ部分に、植物育成に特化したLEDを備えた「Mossarium Light LED」。LEDライトは調光可能で、好みの色や明るさに調節できる。インテリア性が高く、植物の長期維持が可能な容器。

適度な通気性と独自の排水構造で、植物の管理育成がしやすい、パルダリウム専用のガラスケース（パルダリウムケージプロPCP3045／レインフォレスト／30×30×45㎝）。上部に備えられた直径約12㎜の穴には、ミストシステムが取りつけ可能だ。

硬質赤玉土

肥料分などを含まない赤玉土がパルダ
リウムの基本となる用土。粒がすぐに
崩れない硬質タイプを選びたい。

アクアソイル

アクアリウムで使われる用土。不純物の
吸着性に優れ、ひとつひとつの粒もしっ
かりしていて、パルダリウム向き。

Item

02 用 土

　植物が根を張り、からだを支える場所として
大切になるのが用土だ。水が溜まり、常に濡
れているパルダリウムの底床には、肥料分な
どの有機物を含まない赤玉土を用いるのが基
本となる。粒の構造が崩れにくい硬質タイプ
が利用するとよいだろう。また、水草の育成
用に開発されたアクアソイルも利用できる。不
純物の吸着性が高く、粒が崩れにくくて使い
やすい。

　さらに、パルダリウムの排水性を高めるた
めに、用土の底に軽石やハイドロボールなど、
粒の大きな素材を敷いておくと安心だ。排水
口が付いていない容器でパルダリウムをつくる
ときには、容器の底に根腐れ防止剤のゼオラ
イトを少量入れておくとよい。

　パルダリウムを制作するうえで、とても便利
なのが「造形材」だ。自由な形をつくることが
できる用土で、植物の育成も可能。パルダリ
ウムでは、床に起伏をもたせたり、背面や側
面にはりつけて使用することが多い。保水性
が高いので、コケの育成などに役立つ。流木
や石など、コケを配置させたい場所に、造形
材を適量はりつけるとよい。

　保水性が高い水苔は、植物の根に巻いて使
われることが多い。着生種などを流木や石の
すき間に配置したい場合に利用するとよいだ
ろう。このほか、レイアウトに変化をつけるた
めに化粧砂を用いることもある。アクアリウム
用の底砂やカラーサンドなどを使って、一部の
表土を覆ってみてもおもしろい。

水苔

保水性の高い水苔は、タンクブロ
メリアなど、着生して育つ植物の
根に巻いて使用する。

黒軽石

ケース内の排水性を高めるため、一番底に敷
く軽石。白い軽石より黒色タイプのほうが目
立たなくておすすめ。

化粧砂

レイアウトに変化をつけるために利用する化
粧砂。アクアリウム用の天然砂のほか、人工
砂などを利用してもよい。

造形材

自由な形がつくれ、パルダリウムの背面や側
面などにはりつけて使用される造形材。コケ
をはじめ、さまざまな植物が育てられる。

溶岩石

多孔質で比較的軽い石。表面にコケや着生植物が活着しやすく、流木との相性もよい。

龍王石

やや青みがかった色彩と、鋭いシャープな質感が魅力の龍王石。高原の岩場のイメージによく合う。

Item

03 天然素材

植物を栽培するためだけのパルダリウムなら本来必要ないかもしれないのが、この天然素材。しかし、ぜひともそのアレンジに取り入れてほしいアイテムといえる。流木や石などの天然素材は、パルダリウム全体を美しく見せる名脇役で、ナチュラルなレイアウトづくりに欠かせない役割を担っている。流木や石などをうまく配置すると、自然感が演出され、植物も生き生きして見えてくるから不思議だ。

この流木と石にもさまざまな種類がある。それぞれに色合いや形状、質感などに違いがあるので、レイアウトのイメージに合わせて選ぶようにしたい。たとえば、森のなかやジャングルをイメージさせるなら流木をメインに、川のほとりなどの水辺をイメージさせるなら石組みでレイアウトをしてみたい。

ただし、ひとつのアレンジでは同じ種類の素材を使うのが基本だ。たとえば、ホーンウッドであれば流木はホーンウッドだけ、龍王石であれば石は龍王石だけで組んでいく。

おもにアクアリウムショップでは流木や石はたくさんの種類が販売されていて、いろいろなタイプが選べる。購入する際には、実際の組み合わせを想像しながら好みの素材をチョイスしよう。流木も石もレイアウトするケースのサイズに合わせてその大きさを選ぶようにしたい。ショップによっては空の水槽などが用意されていて、それぞれの組み合わせや配置を確認しながら選べるところもある。

ウッドストーン

質感が木の樹皮のように見えるウッドストーン。木の雰囲気を出したいときや、崖のイメージをつくりたいときなどに使用するとよい。

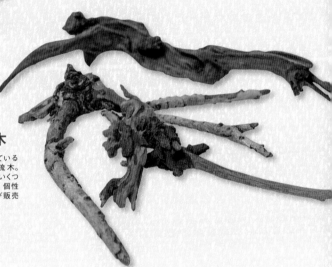

枝状流木

細い枝が伸びているように見える流木。このほかにも、いくつかの商品名で、個性の異なる流木が販売されている。

コルク樹皮

コルクもレイアウト素材としてよく使われる。平たいものは背面として、筒状のものは切り株などをイメージしてレイアウトするとよいだろう。

ドワーフシュラブ流木

細かな枝をたくさん伸ばし、ブッシュ状にまとまっている形状の流木。ひとつの流木を大きな木に見立ててもおもしろい。小さな容器のアレンジにも向く。

エピウェブ

エピウェブ（Epiweb）はスウェーデン生まれの植物着生用スポンジ素材。平面上のものはパルダリウムのバックパネルとして使われる。

ハイグロロン

ハイグロロン（Hygrolon）は、保水性・吸水性に優れたナイロンファイバー素材のシート。エピウェブの表面を覆うように使用されることが多く、コケなどを繁茂させるときに便利。

Item

04 人工素材

　パルダリウムの基本は、湿度を保つことができるガラスケースで、天然素材や人工の素材を使って、複雑な地形の土台をつくり、さまざまな植物を配置していくというものだ。その大きな魅力のひとつに、人工素材を使った自由度の高いレイアウトがあげられる。コケやつる性植物で覆われる壁面や、地表に凹凸をつけたり、アーチをつくるなど、自由自在な地形づくりが楽しめる。

　その代表的な素材がエピウェブ（Epiweb）だ。植物着生用スポンジ素材で、パルダリウムのバックパネルやレイアウト素材として使われる。パネル用の平面タイプのほか、複雑な地形を生み出すブランチタイプがある。さらに、ハイグロロン（Hygrolon）は保水性・吸水性に優れたナイロンファイバー素材のシートで、コケなどが着生しやすい環境をつくる素材だ。また、シンシック（Synthic）は保水力が高い素材で水苔のように使用できる。腐らず、衛生的で扱いやすい。このほかにも、パルダリウムの幅を広げる工作用のパネルや、吸水性の高くて植物が植えられるフォーム材、マイクロファイバー製の植栽布など、さまざまな人工素材が使用される。これらをうまく利用することで、美しいレイアウトと、長期的に植物を育てやすい環境をつくることができるのだ。

シンシック

シンシック（Synthic）は、保水力が高い人工の水苔。腐らず、衛生的で扱いやすい。

ハイグロロン
3Dリアナスモール

筒状の表面全体がハイグロロンで覆われていて、自由な形状に曲げられる素材。

エピウェブ ブランチ

ブランチタイプのエピウェブ。立体的で複雑な地形をつくるときに用いられる。

活着君

マイクロファイバーの特殊構造により、高い保水力をもつ植栽布。植物の活着性に優れ、水を誘導させることもできる。

植えれる君

植物を固定することが可能な植栽パネルで。給水性能がよく、水が全体にいきわたることから植物の水切れを防いでくれる。

作れる君

強化発泡スチロール製の工作用パネル。土台や陸地、ポンプカバー、シェルターなどを手軽に工作することができる。

フラットLED

植物が十分に育つ明るさと演色性を兼ね備えたフラットLED
（コトブキ工芸）。白色LEDをメインに赤色と青色LEDの発光
波長を加え、より自然な光を実現し、植物の光合成を促す。

Item

05 照 明

　植物を育てるうえで、光はとても大切な要素。光合成をすることによって、植物は必要なエネルギーを得ている。室内に設置するパルダリウムの場合は、ほとんどの場合で照明が必要になる。強い光を好まないコケやシダの仲間でも暗い場所では状態よく育たない。

　小型容器でつくったパルダリウムであれば、直射日光が当たらない窓辺に置くことで育成が可能になる。明るさを数値で表すと日中でだいたい500〜1000ルクスくらいになる場所だ。携帯アプリの照度計を使って測ってみるとよいだろう。それより暗い場所で管理する場合は、LEDライトを利用しよう。植物育成用の小型の照明器具も販売されている。

　専用のガラスケースでつくるパルダリウムで　は、上部にLEDライトを設置するのが基本だ。蛍光灯でも問題ないが、現在は省エネでコンパクト設計のLEDライトが主流になっている。

　パルダリウムに使用するLEDライトは、アクアリウム用の製品を利用するのがおすすめだ。さまざまな製品が市販されていて、ケースの幅に合わせて好みのアイテムを選ぶことができる。アクアリウム用の照明といっても、植物がしっかり育つように開発された製品が多いのが特長。植物の光合成を促す十分な明るさと波長を備えているライトをセレクトするとよいだろう。

　照明の点灯は、1日10時間程度が目安となる。タイマーを設置してオンとオフの時間を決めると、規則的な環境をつくることができる。

マルチカラーLED

リモコンで操作し色を組み替えることができる高性能な薄型LEDライト（ゼンスイ）。RGB各色と2通りの白色光をそれぞれ10段階で調整することができる。

ライトアップLED

薄型・高輝度LEDチップで明るさアップ、アルミボディで放熱性もアップさせたライト（水作）。スライドステーでケージにぴったりセットすることができる。

リーフグロー

小型容器にぴったりのLEDライト（ジェックス）。フレキシブルアームは長さ調整、角度調整が可能で、どんな容器にも最適な距離、角度で照らすことが可能。色温度6500Kによる自然でさわやかな光が、緑を色あざやかに照らす。

そだつライト

太陽光に近いRa90の光を放つ、植物育成用の小型LEDライト（ジェントス）。3段階の明るさに調光が可能で、高さ30cmまでの容器に対応する。

こもれび

小型アレンジに最適なスタンドタイプのLEDライト（水作）。植物の育成に最適できれいに見せることができる6500Kの高輝度LEDチップを使用している。水槽サイズによって高さ調節が可能なスライド機能付き。

ピテラ

超小型のパルダリウムにマッチするLED照明（ジェックス）。日ざしのないリビングやトイレなど、さまざまなシーンで活躍する。

ミストシステムのノズルから吹き出す細かな霧。ケース内全体に水分が行き渡り、湿度も高められる。

ミストシステム

植物を栽培する作業でもっとも頻繁に行うのが水やりだ。とくに水分を好む植物を多く扱うパルダリウムでは、その湿度管理がとても重要になってくる。ある程度密閉された環境をつくるパルダリウムは、乾燥を防いで適切な湿度を保ってくれるが、1日に1回以上は十分な霧吹きを行ったほうがよい。

そこで強い味方になってくれるのがミストシステムだ。これは自動で霧を発生させて噴霧できる装置のこと。デジタルタイマーで1日の噴霧回数や水量を設定でき、貯水槽からポンプやコンプレッサーで水を吸い上げて霧を発生させる。パルダリウムで育成されるコケやシダ、その他熱帯性の植物は乾燥に弱いものが多いため、定期的な噴霧による湿度の維持にとても役立つ。また、出張や旅行などで毎日の噴霧が困難な場合にも効果的だ。

ただし、水を与えすぎる過湿には注意が必要。噴霧の頻度が高すぎると、蒸れたり、溜まった水が雑菌の温床になったりして、植物が根腐れを起こしてしまう危険がある。噴霧を行う回数やタイミングはしっかりと観察したうえで設定しよう。とくにケースに排水口が設けられていない場合は気をつけたい。

ミストシステムを水道水で長期間使用していると、ノズル部分にカルシウムなどの無機物が析出して、正常に噴霧されなくなることがある。そうなる前に、定期的に掃除を行って水垢を除去しておくとよいだろう。掃除のときはクエン酸を水に溶かしたものなど利用するとよい。酸性の水溶液を吹きつけたり、浸したりしてから磨くと落ちやすくなる。また、精製されたRO水などを水やりに使用することでも目詰まりの防止につながる。

微細な霧を発生させるミストノズル。全体に水
が行き渡るような角度で設置する。

タイマーで管理されたミストシステム。給水用
のポリタンクのほかに、排水用も設置しておく
と安心。

フォレスタ

高圧力プレッシャーポンプやミストノズル、
チューブ、デジタルタイマーなどがセットになっ
たミストシステム（ゼロプランツ）。タイマーに
よる秒単位設定が可能な高性能タイプだ。写
真はミストノズルをマグネットで固定するベー
シックセット。

モンスーン ソロ

タンク一体型のミストシステム（ジェック
ス）。本体のほか、耐圧チューブ、ノズル、
交換用ノズル、キスゴムがセットに。チュー
ブをつなげて、ボタンを押すだけの簡単
設計で、使用シーンに合わせミストの噴
霧サイクルや時間を設定できる。

毎日の水やりに用いられる霧吹きや水差し。植物の日常管理でもっとも使用する道具だ。サイズや機能など、さまざまなタイプが市販されているので、使い勝手のよいものを選ぶ。

07 作業の道具

パルダリウムをつくるときや植物を管理するときなどに必要となる道具もさまざまある。植物の葉や根をカットするときのハサミや、植物を植え込んだり、コケを配置するときなどのピンセット。これらはアクアリウムの水草育成用のものが使いやすい。このほか用土を入れるときに使う土入れや、余分な水を吸い取るためのスポイトなどがあると便利。

植物の栽培で日常的に使用するのが、霧吹きと水差しだ。園芸用品としていろいろなタイプが市販されているので、使い勝手のよいものを選ぶとよい。

さらに、パルダリウムの制作時に使われるアイテムとして、グルーガンやシリコン、ゼリー状の接着剤などがある。たとえば、パネルをケースの背面にはりつけたり、流木や石を固定したりするときに使用される。また、石の接着ではセメントを用いて、思い通りの形状に組むことも。より複雑な地形をつくるためにウレタンフォームで成形し、その表面に造形材を形づくる方法もある。より複雑で自然に見えるレイアウトの制作には、さまざまな工夫やアイディアが提案され、いくつものアイテムが利用されているのだ。

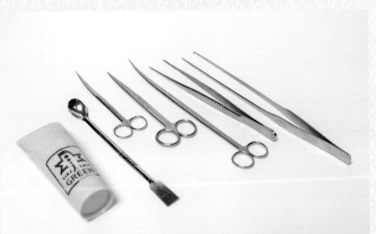

ピンセットとハサミは、植物の植えつけや、下処理、剪定、切り戻しなどに必要な道具。アクアリウムの水草育成用のアイテムが使いやすい。そのほか、用土を入れる土入れなども準備しておくとよい。

人工素材のパネルを固定するためのシリコンや流木や石などを固定させるグルーガン、各種接着剤も使用される。また、複雑な地形をつくるために、ウレタンフォームを利用することもできる。

パルダリウムの制作方法

育ててみたい植物を使って、つくってみたいパルダリウムをイメージしたら、実際に制作に取りかかろう。ここでは小型のものから大型のものまで、パターン別に制作のプロセスを紹介する。それぞれにある細かな工夫を参考にしてみよう。

Process

小さな容器で
コケの育成を楽しむ

テーブルや机の上などに飾ることができる小さなコケのパルダリウム。小型のガラス容器が2つ並んだバンブーボトルS2（W27×D11.5×H18cm）を利用したアレンジだ。ポイントは造形材でつくった3つの山。あえて手前にも小さな山をつくることによって、奥行きのある視覚効果を得ている。

バンブーボトルS2のガラス容器を
2つ並べ、黒軽石を入れる。

アクアソイル（育つソイル）を入れ
る。前面から黒軽石が見えないよ
うにする。

背面に向けて傾斜をつくるように
ソイルを整えたら、霧吹きをする。

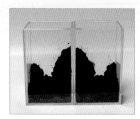

造形材を使って山をつくる。中央
部分に大きな山。側面に小さな山
を2つずつ配置。

アラハシラガゴケを使用。茎が伸
びていたら、枯れている下部をハ
サミでカット。

ピンセットを使ってコケを配置。
造形材の表面が隠れるように。

側面に配置した小さな山がアラハ
シラガゴケで覆われた。

中央の山の部分にもアラハシラガ
ゴケを少しずつ貼っていく。

造形材でつくった山がすべてコケ
で覆われて緑色に。

茎が伸びて育つヒノキゴケをプラ
ス。側面から中央に伸びる向きで。

化粧砂を入れるため、小さなへら
を使って、前面に多少の空間をつ
くる。

空いた空間に化粧砂としてトロピ
カルリバーサンドを入れて完成。

02

高低差を生かした
景観をつくる

LEDライトが一体となったガラス容器（モッサ
リウムライトLED ML-1／φ18×H25㎝）を使用
した、コケのパルダリウムに挑戦。変形タイプ
の容器でもさまざまなアレンジが楽しめる。コル
クと造形材を利用し、中央部分に空間を残して
高低差を演出しているのがカギとなる。使用した
コケはアラハシラガゴケ、ホソバオキナゴケ、ヒ
ノキゴケ、ホウオウゴケの4種類。異なる姿のコ
ケを組み合わせることで、変化に富んだ景観を
生み出すことができる。

光の明るさや色彩を調節することができるLED一体型のボトル「モッサリウムライトLED」を使用。

水分が溜まる器の底の部分に黒軽石を入れておく。

黒軽石の上にアクアソイル（育つソイル）を入れる。

ソイルを平らに整えたら、霧吹きをして、十分に用土を湿らせる。

2つのコルクを左右に配置。中央部分に空間をつくるのがポイント。

コルクの背後などの空間に造形材を入れて安定させる。

上から順にコケを配置。メインになるのがアラハシラガゴケ。

左手前には趣の異なるホウオウゴケを配置した。

手前にアラハシラガゴケ、奥にホソバオキナゴケを。奥に細かい葉を入れると、遠近感が出せる。

さらに変化をつけるため、特徴的な姿のヒノキゴケを植える。

コケだけでつくったパルダリウムが完成。崖をイメージさせる景色に仕上げた。

キューブ水槽でつくる
立体的な緑の草原

幅、奥行き、高さ、すべてが同じ30cmの
キューブ型水槽（クリスタルキューブ300）
を使ったパルダリウム。木のような質感が
特徴のウッドストーンを複数用意して、セメ
ントで接着させている。あえて不安定な形状
の土台をつくることで、大胆な陰影が生ま
れ、見応えのあるレイアウトに仕上がった。
明るい色彩が魅力のハイゴケが全体を覆
い、水草としても使われるアヌビアスやブセ
ファランドラを植えている。

一辺が30cmのキューブ水槽を用意。フタが付属しているものを。

水が溜まる底の部分一面に、黒軽石を入れる。

硬質の赤玉土（赤玉ソイル）を入れる。

前面から軽石が見えないように赤玉土を入れ、背面に向けてやや傾斜をつける。

木のような質感が魅力のウッドストーンを使用。その配置を考える。

海水魚やサンゴ水槽のライブロックなどを接着させるセメント（Scaping Cement）を利用する。

粉末状のセメントに少しずつ水を加えて、よく練ってから使用。

石のつなぎ目にセメントを貼りつけるようにして接着させる。

セメントの表面にピンセットなどで傷をつけてなじませる。乾く前に手早く。

石の表と裏にセメントをつけて接着。さまざまな形の岩がつくれる。

足もとも安定させるために小さめの石を接着させた。

つくった石組みを水槽内に配置。左から右へ、やや斜め後ろに向かう流れに。

メインとなる石組みの足もとにも小さなウッドストーンを置く。

いくつかの石を配置させて、レイアウトの骨格が完成。

用土を十分に湿らせるように霧吹きを行う。

コケを貼る部分に造形材を入れていく。

水槽前面と一部石の表面を残して、造形材を加えた。

ハイゴケを用意。明るいライトグリーンの葉が印象的。

ハイゴケのシートを適度にカットして貼りつけていく。

スクレーパーを使って、水槽の前面にコケを押し込んでいく。

一部の石を残してハイゴケを配置。

メインの石の上部にもハイゴケを貼って一体化させる。

植える植物を用意。アヌビアス・コーヒーフォリア、ブセファランドラ各種。

ブセファランドラを植え込む場所
にピンセットで穴をあける。

ピンセットでブセファランドラの株
元をつかんで植え込む。

手前にはアヌビアス・コーヒーフォ
リアを植えた。

右の石組み付近にも、アヌビアス
とブセファランドラを植えて。

メインの石組みの奥にも、細葉の
ブセファランドラを植えている。

立体的なレイアウトのパル
ダリウムが完成。フタをし
て、こまめに霧吹きを行う
ようにしたい。育成には照
明も必要になる。

04

大型のガラスケースで
本格的なパルダリウムを

　幅60cmの専用ケース（パルダリウムケージ
プロPCP6045／レインフォレスト／W60×
D45×H45cm）を使って、本格的なパルダリ
ウムづくりにチャレンジ！

　背面パネルの設置や植物の植栽方法に工
夫が見られる。まず、勢いのある力強い流木
でレイアウトの骨格をつくり、エピウェブとハ
イグロロン、造形君でつくった壁面にはウィ
ローモスやトキワシノブを配置。流木にはブロ
メリア類を活着させ、底床部分にはアグラオネ
マやゲスネリアなどの地生種を植えている。植
物の株元にはカモジゴケやハイゴケが入れら
れ、全体的にあざやかなグリーンのパルダリ
ウムが出来上がった。

背面パネルとして使用するエピウェブの一面に、茶色のシリコンを同間隔で配置。

専用のガラスケースの背面にエピウェブを接着させる。

幅60cmのパルダリウムケージにエピウェブを貼りつけた。

はじめケースは背面を下にして置くと作業しやすい。エピウェブの上部をハイグロロンで覆うためグルーガンで固定。

背面全体を、十分に水を湿らせた造形材で覆う。背面を下にするととても楽。

ガラスケースを通常に置いた状態。背面の下部はソイルなどで隠れるため造形材を下まで入れる必要はない。

ケース下部に設置されている排水口の出口部分を、鉢底ネットでカバーしてから用土を入れる。

底には粒の大きな黒軽石を入れる。通気性と排水性に優れていて、水はけがよくなる。

排水口の部分がしっかり埋まる程度の高さまで、黒軽石を入れる。

栽培ケースに合わせたサイズの流木を用意。質感が変わらないよう、同じ種類の流木を複数使うとよい。

流木を組む。その配置や向き、組み合わせを考える。

流木は一部背面に立てかけるようにして配置した。

流木の配置が完成。左奥から手前に向かって広がる空間を意識して組み合わせた。

赤玉土（赤玉ソイル）を入れて、表面を平らに整える。赤玉は硬質タイプを使うと長持ちする。

用土が十分に濡れるまで、霧吹きなどで水やりをする。

はじめに壁面の植栽から。ウィローモスの茎をハサミで細かくカットしておく。

カットしたウィローモスを指でペタペタと背面に貼りつけていく。

ウィローモスを植栽した状態。生長すると一面を緑で覆うようになる。

植えつける根のある植物は、湿らせたシンシックで根元を巻いておく。

根元をシンシックで巻きつけたブロメリア類を流木の窪みに差し込むようにして配置する。

ブロメリアの根元が隠れるように、流木の窪みに植栽する。

窪みがない場所には、ビニタイを使ってブロメリアの株元を流木に固定する。

トキワシノブを背面に植えつけるために使うのがU字ピン。

株元のU字ピンを背面のパネルへ押し込むと、イメージ通りに配置できる。

流木の上に3カ所、ブロメリア類を配置。背面に2カ所、トキワシノブを植えつけた。

地表面にはアグラオネマなどの地生種を植えつける。

アグラオネマのほか、ゲスネリアを底床に植え込んだ。

メインとなる植物の植栽が完成。

植物のまわりにコケを貼るため、
造形材を入れる。

造形材の上にカモジゴケを配置。
フワフワとしたやわらかいコロ
ニーをつくる種類。

同様に地生種のまわりにカモジゴ
ケを貼っていく。

流木に配置した植物のまわりにも
造形材を入れる。

こちらは明るい緑色があざやかな
ハイゴケで覆う。

十分に霧吹きをしたら完成。影に
なる部分をつくることによって、立
体感のあるレイアウトに仕上がる。
これからどのように生長していくの
か楽しみ。

幅60cm用のLEDライトを2台設置
して、十分な光を照射する。

パルダリウムに
おすすめの
植物カタログ

水分を好み、寒さに弱く、強い光を必要としないタイプがパルダリウム
に向く植物だ。コケやシダのほか、ブロメリアやベゴニア、食虫植物、
ランの仲間など、パルダリウムで栽培しやすい植物はたくさんある。

Plants

パ ル ダ リ ウ ム

　パルダリウムとは、ガラスケースや水槽などを利用し、ある程度密閉された環境のなかで植物を育てるスタイルのこと。このパルダリウムに向く植物にはいったいどんな種類があるのだろう。植物のサイズと、生長するのに必要な条件（湿度、温度、光）を考えてみるとわかりやすい。

　まずは植物のサイズを考えること。限られた空間のなかで複数の植物を混植させるには、小さめの株を選ぶことが大切だ。はじめは小さくても生長して大きくなりすぎる種類は不向きといえる。また、植えつけ後こまめに葉を切り詰めることで小さな株に仕立てられる種類もある。今では小さなポットで売られている観葉植物も出回っているので

に 向 く 植 物 と は

それらを利用してもよい。

　次に湿度と温度。ケースでつくるパルダリウムは高い湿度が保たれているため、水分を好む種類を選ぶ。逆に乾燥や乾湿を繰り返すような環境を好む種類は向いていない。また、パルダリウムは温室のような状態になり、通年温度がやや高めなるため、熱帯性植物を中心に選ばれることがほとんどだ。涼しさや寒暖差が必要になる山野草や高山種は避けたほうがよい。最後に光。しっかりとした日光をあまり必要としない植物がおすすめだ。太陽光の強い日ざしを好む種類は育ちにくいが、近年、LEDライトの性能が高くなり、栽培可能な植物も増えてきている。これらの条件を考えて植物をセレクトしてみよう。

コケ

コケ植物は最初に陸上の生活に適応した植物といわれ、蘚類、苔類、ツノゴケ類に分類される。おおむね日陰で湿度の高い環境を好む種類が多いため、パルダリウムに取り入れやすい。また、自然な雰囲気をつくり出すのにも最適な植物で、草体が小さいため、小さなアレンジにも利用できる。コケ植物にはたくさんの種類があるが、パルダリウム用には、陰性で水分を好む種類を選ぶとよいだろう。おすすめは、ハイゴケやシノブゴケ、ホソバオキナゴケ、コカヤゴケ、カマサワゴケ、ウィローモスなどだ。

ホソバオキナゴケ

Leucobryum juniperoideum

シラガゴケ科。高い湿度を好むが乾燥にも耐え、丈夫で育てやすいコケ。苔庭や盆栽などでもよく使われる。本種より葉が長いアラハシラガゴケも近縁。

ハイゴケ

Hypnum plumaeforme

苔玉など幅広く利用されるコケ。栽培は容易で、やや明るい光を当てて育てる。水没は避けよう。

シノブゴケ
Thuidium kanedae

植物のシノブに似た形の黄緑色の葉をつける。
半日陰の湿った岩の上などに生えている。丈夫
で使いやすいコケの代表。

シッポゴケ
Dicranum japonicum

半日陰の湿った土や木の根元などに群生して
育つ。茎はほぼ枝分かれしない直立型で、大
型でよく目立つ種類だ。カモジゴケやフデゴケ
も同じシッポゴケ科の仲間。

タマゴケ
Bartramia pomiformis

球状の蒴をたくさんつける姿が愛らしいタマゴ
ケ。半日陰からやや日当たりのよい湿った場所
に生息する。乾燥すると葉がすぐに縮れてしま
うので注意する。

ホウオウゴケ
Fissidens dubius

鳳凰の羽根のような姿のコケ。日当たりの少な
い湿った場所に群生し、高温がやや苦手。湿っ
た葉は光沢があって美しい。

シダ

シダ植物は、水分や養分を通す維管束系をもち、胞子で繁殖する植物のグループで、コケ植物と種子植物との中間に位置する植物群だと考えられている。種類も多くさまざまな系統に分類されている。なかでもイワヒバやマツバラン、オオタニワタリなどの観賞価値の高いものは、古くから栽培されてきた。シダ類は一般に環境の変化に弱いといえるが、丈夫な種類や小型の種類も豊富に出回るようになってきている。パルダリウムにはぜひ加えたい植物だ。

タマシダ・ダッフィー
Nephrolepis cordifolia 'Duffii'
葉身が細長く生長する、小型の園芸品種。明るい色合いの羽状の葉が放射状に広がる。

コタニワタリ
Asplenium scolopendrium
温帯地域に広く分布し、湿り気のある落葉樹林や薄暗い崖などに自生する。

アスプレニウム・レズリー
Asplenium antiquum 'Leslie'
波打った葉の先端が分岐しているのが特徴。ビザールプランツとしても人気。

**アスプレニウム・
ブルフィフェルム**
Asplenium bulbiferum
繊細な葉が印象的なアスプレニウムの仲間。マザーファーンとも呼ばれる。

コシケシダ
Deparia petersenii var.
自生地では渓谷の湿った壁面の暗がりなどに群生する小型の着性シダ。水切れに注意して育てる。

イヌアミシダ
Hemionitis arifolia
ハート型の葉がユニークな小型のシダ。水切れには弱いので、湿度を保った環境で栽培したい。

ライムシャワー

Nephrolepis exaltata 'Lime shower'

細かくてあざやかなライトグリーン
の葉が魅力のシダ。大きく生長し
ないので、小さなアレンジ向き。

ボタンファン

Pellaea rotundifolia

丸い葉が交互につき、枝がつる状
に伸びていく。直射日光は苦手な
のでパルダリウム向き。

プテリス・ムルチフィダ

Pteris multifida

高温多湿で直射日光が当たらない
場所を好む。状態がよいと、盛ん
に新芽を出してこんもりと茂る。

ミクログランマ・
ヘテロフィラ

Microgramma heterophylla

葉に模様があり、小さな葉をつる
状につける小型のシダ。

ミクロソラム・
ディベルシフォリウム

Microsorum diversifolium

水辺に着生するミクロソラムの仲
間。水切れに注意する。

オオエゾデンダ

Polypodium vulgare

デンダ（連朶）とはシダの古名。
古くから栽培されてきた種類で、
比較的乾燥にも強い。

ポリクティスム・
リゲンス

Polystichum rigens

イノデ属の小型のシダ。丈夫で育
てやすく小さなアレンジにも使用
しやすい。

ヒメカナワラビ

Polystichum tsussimense

渓谷沿いの岩壁や石垣に自生。小
羽片には短いがはっきりとした柄
がある。

テクタリア・セイラニカ

Tectaria zeylanica

湿った地面などにぴたりとくっつい
て育つ小型のシダ。育成しやすく
扱いやすい種類だ。

ベゴニア

葉の色彩や柄がカラフルで、コアなファンが多いベゴニアの仲間。ベゴニアとはシュウカイドウ属に分類される植物の総称で、多彩な品種が存在する。エキゾチックプランツとして注目され、パルダリウムなどで利用されているベゴニアは、おもに塊根性ベゴニアの仲間が多い。熱帯雨林のあまり日当たりのよくない湿地に自生している原種をベースとしている。混雑種も多く、種類がはっきりしていないものも多い。

ベゴニア・ミクロスペルマ
Begonia microsperma
カメルーン原産のベゴニア。やわらかな葉の質感で明るい葉色が美しい。

ベゴニア・ライア
Begonia rajah
マレー半島が原産のベゴニアで、園芸ルートでも出回る一般種。

ベゴニア・クアドリアラータ
Begonia quadrialata ssp.
アフリカ原産のベゴニア。ライアによく似た葉をもつが、茎が長く伸びる。

ベゴニア・ウェルシコロール
Begonia vesicolor
中国雲南省が原産のベゴニア。丸みを帯びた葉と淡い色彩が愛らしい種類。

ベゴニア・クロロスティクタ
Begonia chlorosticta
ボルネオ島原産。葉の模様が複雑で、とてもよく目立つ人気種。

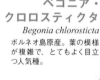

ベゴニア・
デュードロップ
Begonia 'Dewdrop'
デュードロップの変異株。丸く小
さな葉をたくさんつけている。

ベゴニア・
ピンクサプライズ
Begonia 'Pink Surprise'
淡いピンク色が特徴の塊根性ベ
ゴニアの仲間。小さく仕立てて育
てたい。

ベゴニア・リケノラ
Begonia lichenora
小型の葉が愛らしい原種で、匍匐
して生長するため、レイアウトの
グランドカバーに最適。

ベゴニア・ピンクドット
Begonia sp.
葉の表面にあざやかなピンクの
ドット模様が入るタイプで、人気
が高い。

ベゴニアの一種
Begonia sp.
細長い葉に、濃いピンク色のドッ
ト柄が美しいベゴニアの一種。

ベゴニア・
バリアビリス
Begonia variabilis
先端が尖る細長い葉に、細かな
ギャラクシー柄が入る品種。

ベゴニア・
アンフィオキサス
Begonia amphioxus
長細い葉に散りばめられたピンク
のスポットが美しい品種。

ベゴニア・
ビピンナティフィダ
Begonia bipinnatifida
切れ込みが深い葉が特徴的なパプ
アニューギニア原産のベゴニア。
ダークブラウンの葉色と茎のレッ
ドカラーの対比が美しい。

つる性植物

樹木の表面などにつるを伸ばして生長するのがつる性植物で、とくに温暖な地方に多くの種類が分布。熱帯のジャングルでは、さまざまな種が高木層にまで伸び上がって生活している。つる性植物は種類によって、根や巻きひげ、吸盤などを使って張りついていく。

パルダリウムでもつる性植物を流木に這わせるようにして配置すると、原生林の雰囲気が出てよい雰囲気になるだろう。よく利用されるのが、フィカスの仲間やディスキディア、スキンダプサスなど。いずれも葉が小さめの小型の種類が扱いやすい。

フィカス・プミラ ミニマ
Ficus pumila 'Minima'
フィカス・プミラの小型変種。温帯に広く分布するゴムノキの仲間で、耐陰性が強く栽培しやすい。

ディスキディア
Dischidia.sp
東南アジアやオーストラリアに分布するつる性の多年草。半日陰で栽培し、冬でも10℃以上をキープする。

ピペル
Piper sp.
つるが伸びて生長するピペル属の一種。種類によっては葉に色や模様が入るものもある。

モンステラ・ドゥビア
Monstera dubia

中南米原産のサトイモ科。野生環境では大きな木の樹皮などに張りついて表面をびっしりと覆い尽くす。

ペペロミア・エマジネラ
Peperomia emarginella

細かくてやわらかな葉がつる状に伸びるペペロミア。小型のパルダリウムに最適。

ヒメイタビ
Ficus thunbergii

常緑のつる性低木。切れ込みの入った小さなもみじ形の葉が特徴。丈夫で育てやすい。

コケモモイタビ
Ficus vaccinioides

半つる性のフィカスの仲間。適度に分枝して広がっていくので、パルダリウムの脇役としても最適。耐陰性も強くておすすめ。

ミューレンベッキア・コンプレッサ
Muehlenbeckia complexa

ワイヤープランツと呼ばれる一般種。枝はよく伸び上に細かく枝分かれする。

ラフィドフォラ
Rhaphidophora sp.

サトイモ科、東南アジア原産ラフィドフォラの一種。耐陰性に優れ、暗めの場所でもどんどんつるを伸ばす。

スキンダプサス
Scindapsus sp.

インドネシア・ムナ島産のつる性植物。葉は小型で、凹凸がある。丈夫で繁殖力も旺盛。

タンクブロメリア

　ブロメリアはパイナップル科の植物の総称。約60属1400種ほどの原種が知られる単子葉植物の仲間だ。そのほとんどが中南米や西インド諸島の熱帯・亜熱帯地域に分布している。

　タンクブロメリアは、ネオレゲリア属、フリーセア属、エクメア属、ビルベルギア属、ホヘンベルギア属、ブロッキニア属、カニストラム属、カトプシス属、ポルテア属、ケスネリア属などが該当する。根は自身の固着のために優先的に使用され、根から積極的に水分や養分を取り入れることはほとんどない。大きな特徴は、中心部に水が貯まるように上手く組み合わされた漏斗状のロゼットにある。このロゼット中心部の空間が貯水タンクとなり、そこに貯まった雨水や、タンク内に沈む有機物から、水分や栄養分を取り入れて生長していく。

ネオレゲリア・ファイヤーボール
Neoregelia 'Fireball'
葉の長さが10〜15cm程度の小型種で、パルダリウムに適した園芸品種。光に当てると葉が赤く染まる。

ネオレゲリア・プンクタティッシマ
Neoregelia punctatissima
細身でコンパクトなネオレゲリア。葉に入る赤紫色の斑点、もしくは縞模様が特徴だ。

ネオレゲリア・パウシフローラ
Neoregelia pauciflora
南米ではなく、南アフリカの熱帯から亜熱帯にかけて分布する小型のブロメリアの仲間。

フリーセア・ギガンティア
Vriesea gigantea

生長するとやや大型になるブロメリア。若葉の表面に、美しい緑色の網目模様が入る。

フリーセア・サウンデルシー
Vriesea saundersii

シルバーリーフが特徴のフリーセアで、赤紫の小斑点が入る。ブラジル原産の中型種。

グズマニア・テレサ
Guzmania lingulata 'Teresa'

小型のグズマニアで、園芸店ではあまり人気はないが、パルダリウムには最適な種。赤い花を咲かせる。

エクメア・コレイアアラウジョイ
Aechmea correia-araujoi

葉の模様がとても美しいエクメアの仲間。エクメアは大きくならない種が多く扱いやすい。

ビルベルギア・ダースベイダー
Billbergia 'Darth Vader'

濃い葉色に白いストライプが入る人気種。大型になるので大きめのケージで栽培を。

ケスネリア・マルモラータ・ティムプロウマン
Quesnelia marmorata 'Tim Plowman'

刃先が丸まるケスネリアの仲間。葉の模様も美しい。

ビルベルギア・ムーランルージュ
Billbergia 'Moulin Rouge'

筒型ブロメリアの人気種で強い光に当たるほどピンク色が強まる。

グラウンドブロメリア

積極的に地面に根を下ろし、一般的な植物と同様、発達した根のシステムを用いて水分や養分を吸収して育つのがグラウンドブロメリアのグループ。熱帯低地の雲霧林帯に分布する好湿潤タイプのほか、多肉質の葉をもつ好乾燥タイプ、標高の高い冷涼な地域に自生する山岳タイプに分けられるが、おもにパルダリウムでは好湿潤タイプがおすすめ。グラウンドブロメリアの代表種は、ディッキア属、クリプタンサス属、エンコリリウム属、プヤ属など。

**クリプタンサス・
ビッタータス**
Cryptanthus bivittatus
小型で扱いやすいクリプタンサスの一種。赤く染まるあざやかな葉はレイアウトのワンポイントに最適。

**クリプタンサス・
アブソルートゼロ**
Cryptanthus 'AbsoluteZero'
深い緑色と銀色の縞模様が美しい園芸品種。状態よく育てると大型化する。

**クリプタンサス・
ムーンリバー**
Cryptanthus 'MoonRiver'
黄緑の葉に赤色が混じる美しい葉色の園芸種。パルダリウムでの栽培に向いている。

**クリプタンサス・
ピンクスターライト**
Cryptanthus 'PinkStarlite'
斑入りの小型種。水分を好み、パルダリウムやテラリウムなどにおすすめ。

ディッキア・ブレビフォリア
Dyckia brevifolia

ブラジル原産。乾燥に強く、夏の暑さや冬の
寒さにも対応するディッキアの強健種。

ディッキア・マグニフィカ
Dyckia magnifica

ブラジル産の原種。葉は硬くトゲも大きい。
強めの光を好む。

ディッキア・フォステリアーナ
Dyckia fosteriana

ブラジル産のディッキア。葉は比較的細く、
銀葉で美しい。強い光に当てると赤茶色系に
色づく。

ディッキア・リネアリフォリア
Dyckia linearifolia

葉は細く、全体がピンク色に染まる。葉の表
面は粉を吹いて白っぽく見える。

オルソフィツム・ゲルケニー
Olthophytum gurkenii

厚みのある葉には銀色のジグザグ縞模様が入
る、美しいオルトフィタム。

ヘクチア・ティランドシオイデス
Hechtia tillandsioides

メキシコ原産。葉は細長くトゲも発達してい
る。葉の表面は白いトリコームで銀色に輝く。

エアプランツ

エアプランツはブロメリアの仲間で、ティランジア属やフリーセア属の一部が該当する。タンクブロメリアと同様、樹木などに着生して生育する植物だが、これらの植物は貯水タンクを持っていない。その代わりに葉面吸収を目的とする、よく発達したトリコームと呼ばれる鱗片を備え、それを利用して大気中の水分を体内に取り入れている。

その鱗片を纏った植物の外観が銀色、もしくは灰色に見えることから、この仲間は一般に「ティランジア（フリーセア）銀葉種」と呼ばれる。

ブロメリアの仲間は、自生する環境に合わせてさまざまな方法で水分や栄養分を確保しようと進化し、それにあわせて現在の魅力的な姿になったのだ。

ティランジア・イオナンタ

Tillandsia ionantha

中米原産のエアプランツ。生長は速く、強健でパルダリウムにもおすすめ。

ティランジア・フックシー

Tillandsia fuchsii

細い銀葉が四方に伸びるティランジア。グアテマラが原産で夏の暑さにやや弱い。

ティランジア・ディディスティカ

Tillandsia didisticha

南米に自生。小型から大型までのバリエーションがある。生長は遅く花芽を出してから開花まで半年かかることも。

ティランジア・スカポーサ

Tillandsia scaposa

イオナンタに近い種類で育てやすいタイプ。紫色の筒状花を咲かせる。夏の高温に注意。

ティランジア・グロボーサ
Tillandsia globosa
ブラジル原産のティランジアで、水分を好む。
乾燥させるとすぐに弱って枯れてしまう。

ティランジア・ロリアセア
Tillandsia loliacea
超小型のエアプランツ。南米に分布し、
栽培しやすい。自家受粉して香りのよ
い花を咲かせる。

ティランジア・チアペンシス
Tillandsia chiapensis
メキシコ原産。生長はやや遅いが、花を咲かせな
くても子株をつける。乾燥にも耐える強健種。

ティランジア・ストリクタ
Tillandsia stricta
生長が速く、丈夫で育てやすいティランジア。
水分を好むのでパルダリウム向き。

ティランジア・スークレイ
Tillandsia sucrei
ブラジル原産。株のわりに大きな花を咲かせ
る品種で、流木などに活着させたい。

ティランジア・トリコロール
Tillandsia tricolor var.
葉が真っ赤に色づく品種。強い光を当てると、
赤みが増す。水を好むが乾燥にも耐える。

食虫植物

　食虫植物とは、虫を誘い出して捕らえ、消化吸収する植物のこと。世界中に分布し12科19属が知られている。そのなかでも有名なのが、ハエトリソウ（ディオネア）とウツボカズラ（ネペンテス）だろう。虫がきた瞬間に2枚の葉を閉じて捕らえるのがハエトリソウで、つぼ状の袋に虫を落として消化するのがウツボカズ

ラだ。

　食虫植物は全般的に水分を好むので、多湿環境のパルダリウムで栽培することができる。ただし、日当たりのよい場所を好む種類が多いので、照明はできるだけ明るいものを。食虫植物の独特な形状が、レイアウトに変化を与えてくれるはずだ。

ドロセラ・シザンドラ
Drosera schizandra
葉の粘液で捕虫するタイプの植物で、熱帯雨林に自生する種類。強い光を当てずに育てるとよい。

ディオネア・マシスプラ
Dionaea muscipula
2枚の葉で虫を捕らえるために進化した1属1種の食虫植物。北アメリカに自生し、春に白い花を咲かせる。

ドロセラ・エリトロリザ
Drosera erythrorhiza ssp.
葉を縁取る赤いラインが美しく、ヒトデのような形状のドロセラ。

ネペンテス・アラータ
Nepenthes alata

もっとも流通しているウツボカズラの代表的な品種。暑さや寒さに強くて育てやすい強健種。

ネペンテス・ラフレシアナ
Nepenthes rafflesiana

ボルネオ島やマレー半島に分布。袋の色は淡緑色からピンク、赤い斑点のあるものなどさまざま。

ネペンテス・アンプラリア
Nepenthes ampullaria

小型で丸い形の補虫袋をもったウツボカズラ。やや寒さに弱いので、通年15℃以上をキープする。

セファロタス・フォリキュラリス
Cephalotus follicularis

オーストラリアに自生する食虫植物で1科1属1種。高い湿度を好むのでパルダリウム向き。

ピンギキュラ・ギガンティア
Pinguicula gigantea

葉にマーブル模様が入る品種。比較的乾燥した場所を好む。

ピンギキュラ・ロトンディフローラ
Pinguicula rotundiflora

メキシコ原産の小型種。水はけのよい用土に植えつけて育てる。

サラセニア・レウコフィラ
Sarracenia leucophylla

和名はアミメヘイシソウ。葉上部の網目模様が特徴のサラセニア。

サラセニア・フラバ
Sarracenia flava var.

北アメリカの湿地に自生するサラセニアの一種。深い赤色が美しいタイプ。

サラセニア・プルプレア
Sarracenia purpurea

カナダからアメリカ東部に分布するサラセニア。草丈が低く、ずんぐりとした補虫葉がユニーク。

その他の植物

パルダリウムに利用できる植物はまだまだたくさんある。植物選びのポイントは、小型で、多湿の環境を好み、強い日ざしを必要としない植物だ。葉の形状や色彩、草の生長のしかたなど、自分の好みにあった植物を探し出し、自由に取り入れて栽培を楽しむとよいだろう。

また、ジュエルオーキッドやアグラオネマなど、品種が豊富でコレクション性の高い植物も人気が高い。高価な品種は単植で管理するのが安心で、植物だけの栽培を楽しむのが基本だが、それらの植物をあえて豪華な自然空間の一部として取り入れてもおもしろい。

アグラオネマ・ピクタム
Aglaonema pictum
東南アジア原産、サトイモ科の観葉植物。
葉の色彩や模様の入りかたで値段が異なる。トリカラータイプは人気があり、高値で取引されている。

ペペロミア・カペラータ
Peperomia caperata
カペラータの矮性種で、濃い赤葉が魅力。ほかにない存在感をもっている。

カラテア・ムサイカ
Calathea musaica
ブラジル原産。葉の細かなモザイク模様が珍しい種で、もっとも美しい熱帯植物ともいわれる。

オウゴンヒメセキショウ

Acorus gramineus

セキショウを矮小化した黄色い葉の品種。半日陰の多湿環境を好み、栽培しやすい。

ヒメカンスゲ

Carex conica

小型で常緑性葉をもつスゲの仲間。日なたから日陰まで、幅広い環境に対応する。

アヌビアス・ミニマ

Anubias minima

水草として流通するアヌビアスの小型種。流木や石などに活着させて育てられる。

コリウス・トキメキリンダ

Coleus 'Tokimeki Linda'

小型のコリウス。多彩なカラーリーフの小型種が出回ってきている。

エピスシア・ピンクヘブン

Episcia 'pink heaven'

熱帯アメリカに自生するエピスシア。葉が美しくピンクに染まる。

フィットニア・レッドタイガー

Fittonia 'Red Tiger'

燃えるような赤色の葉柄が特長のフィットニア。栽培も容易。

キューバパールグラス

Hemianthus callitrichoides

水草水槽の前景としてよく使われるゴマノハグサ科の植物。水ぎわでも丈夫に育成できる。

ヒューケラ・ファイアーチーフ

Heuchera 'Fire Chief'

小型のヒューケラで、あざやかなワインレッドの葉が特徴。

マランタ・アマグリス

Maranta amagris

熱帯アメリカ原産の多年草で、柄の入るシルバーの葉が特徴。半日陰を好むため、パルダリウム向き。

ミヤマムギラン
Bulbophyllum japonicum
ラン科マメヅタラン属。初夏に
赤い小さな花をつける小型の着
生ラン。比較的育てやすい種類。

バルボフィラム・
モニリフォルメ
Bulbophyllum moniliforme
マメヅタランとも呼ばれるランの
仲間で、東南アジアに分布する
着生種。レアな植物で、小さな
ラン特有の花を咲かせる。

ピレア・グラウカ
Pilea glauca
水分を好むピレアは、葉が小さく、
バルダリウムにも最適。

アロマティカス
Plectranthus amboinicus
キューバオレガノとも呼ばれるシソ
科の多年草。葉からはミントに似
たさわやかな香りを放つ。

サルコレキシア・
シーフォーム
Sarcolexia 'SeaFoam'
葉に入る模様がシルバーに輝くラ
ン科の植物で、ジュエルオーキッ
ドのジャンルにも含まれる。

クッションモス
Selaginella spp.
ふわふわとした葉が特徴のセラギ
ネラの仲間。栽培は夏の暑さと蒸
れに注意が必要。

ゴクヒメユキノシタ
Saxifraga stolonifera
盆栽の添草などに利用される小さ
なユキノシタ。自然感を演出する
ワンポイントに使用したい。

**セントポーリア・
ホットピンクベルズ**

Saintpaulia 'Hot Pink Bells'

ピンクのかわいらしい花が咲く小
株のセントポーリアで、パルダリ
ウムにもおすすめ。

ハクチョウゲ

Serissa japonica

星型の白い可憐な花を咲かせる小
さな花木。常緑低木で、葉は斑入
り、花は八重咲きの品種がある。

テーブルヤシ

Chamaedorea elegans

一般的な小型の観葉植物で栽培
しやすい。南国風の雰囲気に。

ジュエル
オーキッド

葉の美しさを堪能する洋ランの仲間。ビロード状の葉に白や
黄色、ピンクなどの網目模様があらわれる。原種は東南アジ
アなどに分布し、森林内の暗く湿った地表に生えている。水分
を好むが、地上部は風通しのよい環境が栽培に適している。

Anoectochilus 'Bette'

Anoectochilus brevilabris

Anoectochilus geniculatus

Anoectochilus roxburghii

Dossinochilus 'Turtle Back'

Goodyera hispida

パルダリウムの
栽培管理法

長期間にわたって植物の状態を維持し、簡単に育成できるのがパルダリウムの大きなメリット。レイアウトを美しく保ち、植物の栽培を楽しむためには、日常的な管理が必要になる。水やりや施肥、切り戻し、リセットの方法などを紹介しよう。

Cultivate

01 水やり

　植物への水やりは、デイリーケアの基本となる作業だ。植物はその種類によって差もあるが、水が多すぎても少なすぎても枯れてしまう。鉢植えで育てる植物の場合は、用土が乾いたらたっぷりと与えるのが一般的な水やりの方法だが、パルダリウムの場合、密閉された環境下であれば頻繁な水やりは必要ない。しかし、1日に1〜2回程度は霧吹きをして湿度をコントロールするとよいだろう。大型のパルダリウムケースではミストシステムを導入すると、自動的に水やりを行ってくれるので便利。

　用土は常に湿った状態であっても問題ないが、水が底に溜まっている状態はよくない。雑菌などが繁殖して根腐れを起こしてしまうからだ。パルダリウムの専用ケースでは、底に溜まった水を抜くための排水口がついているタイプが多く、不要な水を溜めない構造になっている。排水できない容器を使用する場合は、なるべく底に水を溜めないように、水やりに注意する必要がある。赤玉土などの基本用土の下に、ハイドロボールや軽石を入れ、さらに根腐れ防止剤を適量入れておくと安心だ。

　とくに小型の容器で長期にわたって栽培を続けていると老廃物が溜まりやすくなる。2〜3カ月のペースで多めに水を入れて老廃物を洗い流す作業をするとよいだろう。

自動で水やりを行えるミストシステム。

レインフォレスト・パルダリウムケージは、底に水が溜まらないよう、排水口に向かって傾斜がつけられている。

アリオンケージでは、溜まった水を引き出して捨てることができる。

小型容器では多めに水を入れて、老廃物と流すようにして捨てるとよい。

観葉植物用の液体肥料。葉の色が薄くなってきたときに与える。

根腐れと肥効の調整に役立つ珪酸塩白土。

葉が白っぽく色あせてきたホソバオキナゴケ。

液体肥料は1000倍程度に薄めて霧吹きする。

02 肥料

　おもにパルダリウムで利用される植物は、豊富な栄養分を必要とする種類は少なく、水分と光が十分に得られていれば、状態よく生長するタイプがほとんどだ。したがって、あらかじめ用土のなかに栄養分を施す元肥は基本的に必要ない。

　しかし、長期間育成していると、生長のスピードが鈍り、葉の色彩があせてくるケースがある。このような場合には、観葉植物用の液体肥料を1000倍程度に希釈して霧吹きで与えるとよいだろう。いきなり濃い肥料を与えてしまうと、

よく効くどころか、根の中の水分が奪われ根がしおれてしまうこともある。また、肥料を与えすぎると藻が発生するので注意しよう。肥料は少しずつ、様子を見ながら与えるようにしたい。

　さらに、根腐れ防止剤、水腐れ防止剤として使われている珪酸塩白土（ミリオンAなど）はミネラル分を含んでいる。また肥料の効果をコントロールする働きがあるので、肥料と同じように生長を促すものとして、パルダリウムの植物に活用できる。

葉が増えたシダ類は根元から1本ずつカットする。

茎を伸ばす植物は芽を出させるために、節の少し上をカットする。

節から根を出す植物は、カットしたあとに、パルダリウム内に直接植えるか、水苔を巻いて養生する。

03 切り戻し・剪定

多彩な種類の植物を混植するパルダリウムでは、それぞれの種類をバランスよく生長させるのが腕の見せどころとなる。そこで必要となるのが切り戻しや剪定の作業だ。この作業を怠ると、繁殖力が旺盛な種類だけが生長して、景観全体のバランスを崩すばかりか、他の植物の生長を妨げることにもなりかねない。

シダなどのように根元から茎を伸ばすタイプが生長し、葉が増えすぎたら、根元から適量の葉をカット。大きく生長した葉や枯れはじめた古い葉を選んで剪定するとよいだろう。主茎がまっすぐ伸びるタイプの植物は、伸ばした

い脇芽の少し上でカットするとよい。するとその脇芽から葉が出て生長していく。おもに、節が間延びしているタイプを選んで切り戻すとよい。いずれも葉を落としすぎると枯れ込むことがあるので注意しよう。

切り戻しや剪定の作業をして、株をリフレッシュさせると、体力が回復して色あざやかな葉が新たに展開してくる。また、こまめに剪定を行っていると、葉が大きくならず、小さな株のまま維持される種類も多い。様子を見ながらこまめに手を入れることで、植物たちは理想的な形に生長してくれるだろう。

04 殖やしかた

ほとんどの植物はその種類に合った方法で手軽に殖やすことができる。その方法としては株分けや挿し木、挿し芽が一般的。

株分けは複数の芽や子株ができている株を切り分ける方法だ。根や茎葉がそのままついている状態なので、確実に殖やせる。ブロメリア類やアジアンタム、カラテア、スパティフィラム、ネフロレピス、マランタなど多くの種類で適用できる。タンクブロメリアの場合は、開花後複数の子株が発生するが、すぐに切り離さず、親株の半分程度のサイズになってからカットしたほうが生長しやすい。クリプタンサスなどのグラウンド種は一般的な株分けの方法で殖やせる。株を分ける際、切り口が大きくなった場合は、数日間傷口を乾かしてから植えると腐らずに育てられる。

挿し木や挿し芽は、葉のついた茎や枝を挿し穂にして苗床に挿す方法で、一度にたくさんの株が得られる。挿し床はバーミキュライト、赤玉土、鹿沼土など、保水と排水性が高く、肥料分のない用土を使用する。挿したあとは、乾燥させないようにして日陰で管理する。1〜2カ月で発根するので、仕立てかたに合わせて鉢上げする。コケも細かくカットして苗床にまき、乾燥させずに管理すれば、新しい葉が出てきて殖えていく。

グズマニア・ムサイカはランナーを伸ばして子株をつくるタイプ。株元からカットして、同じ用土に植えかえる。

クリプタンサスも子株ができたら株分けして育てる。

ティランジアは子株を分けずに群生させてもおもしろい。

ホソバオキナゴケを殖やす。5〜10mm程度に茎をばらばらにカットする。

底に中粒の鹿沼土、その上に小粒の赤玉土を入れまき床に、コケをまく。蒔き終えたら、まんべんなく霧吹きし、涼しい日陰で管理する。

制作して1年以上が経過したパルダリウム（パルダリウムケージPCP3045／レインフォレスト）。フィカス・プ
ミラ・ミニマ、ツデーシダ、ペリオニアsp、ホマロメナsp、ベゴニア・ロセオプンクタータ、コドノボエアsp、
ミヤマウズラ、アラハシラガゴケ、コツボゴケ、ヒノキゴケ、シノブゴケなどが植栽されている。

05 リセットの方法

　植物が育っていくのはうれしいが、繁茂しすぎると、レイアウトのバランスが崩れて、全体が窮屈そうに見えてしまう。長期間維持していて、植物たちが伸びすぎてきたら、大幅な切り戻しや剪定を行って、全体をリセットしてみるとよい。ここでは1年以上前に制作されたパルダリウムケージPCP3045／W30×D30×H45cm）を例に、実際の作業を紹介しよう。エピウェブパネルを背面に使用し、流木（ホーンウッド）でレイアウトされた作品だ。

　まずは、葉のボリュームが増えすぎているツデーシダの茎を間引くように根元からカット。そのあと、大きく生長したホマロメナやコドノボエアなどの地生種をカットし、種類によっては新芽の部分を挿し戻している。コケは、伸びすぎたコツボゴケをカット。状態がよくない部分には群体を取り除き、造形材を加えて新たなコケを配置した。

　植物の生長具合や特性を理解してリセットすることで、新たな装いに生まれ変わる。

壁面から間延びして生え、見栄えがよくない茎や気根をカットする。

葉のボリュームが多いツデーシダをカット。株元から茎を間引くように。

シダに隠れて見えていなかったベゴニア・ロセオプンクタータがあらわれた。

大きな葉を展開させているホマロメナを株元からカット。

小さな子株だけを残し、大株は別のポットに移植した。

コドノボエアsp.を株元付近から切り戻す。

大きな葉をカットして取り除いただけでも、だいぶすっきりとした印象になる。

茎が伸びすぎて枯れ込んでいるコツボゴケをカット。

新たに造形材を加えて、ヒツジゴケを貼りつけた。

コドノボエアsp.は節目から伸びた根を残してカットする。

茎を短くしたコドノボエアsp.の先端部分を挿し戻す。

ミヤマウズラも同様に茎を短くし、先端部分を挿し戻す。

取り除いた葉と茎。挿し芽として使えるものはポットに植える。

リセットの完成。大きな葉を取り除き、挿し戻しを行って、小さな新しい葉だけを残すと、美しいバランスが保たれる。

パルダリウムで生き物を飼育する

パルダリウムのなかで生物を飼うことができる。植物が生き生きと生長している環境は生き物にとっても好都合。おもに高い湿度を好むカエルなどの両生類がパルダリウムと相性がよい。

Raising

01 ヤドクガエル

　中米から南米北西部に生息するヤドクガエルは、カラフルな美しい体色が魅力のカエルだ。先天的に毒を有しているわけではなく、自然界で捕食しているエサによって生成されるため、多く流通する繁殖個体は生まれつき毒はもっていない。

　ヤドクガエルは、湿度の高い熱帯雨林に生息しているため、飼育環境では高い湿度の維持と新鮮な水の供給が重要になる。また植物は隠れ場所にもなり、土とともに汚れを浄化する働きも担ってくれる。そのため、多くの熱帯性植物をレイアウトしたパルダリウムとの相性がとてもよい。照明は植物を育成する目的では不可欠で、ヤドクガエルにとって昼夜の生活リズムをつくるのにも役立つ。ヤドクガエルに適した飼育温度は25〜28℃。冷暖房が整った環境であればほぼ問題はないが、夏場はエアコンや冷却ファン、冬場はケースを断熱材で覆ったり、パネルヒーターを用いて温度をコントロールするとよいだろう。

アイゾメヤドクガエル

最大体長6㎝でヤドクガエルのなかでは最大種。性格はタフで飼育下でも憶することなく活発に活動するので観賞価値も高い種類だ。写真はパウダーブルーと呼ばれる品種。

パルダリウムケージPCP3045（レインフォレスト／W30×D30×H45㎝）を使用したパルダリウム。ヤドクガエルのための活動スペースや、隠れ家をつくっているのがポイント。背面は側面にコルクを入れ、その表面を造形材で覆うことで、さまざまな植物の栽培が可能に。コウヤノマンネングサやヒノキゴケ、コツボゴケなどのコケ類のほか、ホマロメナ、ギムノフィラ、つる性植物のペリオニアなどの植物をあしらわれている。

キオビヤドクガエルを飼育するアレンジ（パルダリウムケージPCP3045／レインフォレスト／W30×D30×H45㎝）。流木を配置させ、ペペロミア・グラベラ、ペペロミア・ブランダ、ピレア・ヌンムラリフォリア、ピレア・ムーンバレー、アラハシラガゴケ、スナゴケ、ヒノキゴケなどを植栽。グリーンあふれるパルダリウムのなかで、色あざやかなヤドクガエルが引き立っている。

キオビヤドクガエル

黒に黄色の帯が特徴的な中型のヤドクガエル。乾期に休眠するという習性を持つため、乾燥にも強く、性格も物怖じしないタフな性格で初心者向きの種類。

マダラヤドクガエル

多くの品種も持つ定番種。ヤドクガエルのなかでは比較的安価で流通し、流通量も多い。性質はやや臆病で飼育初期は隠れがちなことも。

コバルトヤドクガエル

名前の通り、全身を美しいコバルトブルーで覆われた美しい種類。環境に慣れるまでやや臆病なところもあるが、次第に人前にも姿をあらわすようになる。

イチゴヤドクガエル

イチゴのような美しい体色が特徴の人気種。ヤドクガエルの中でも小型の種類なので繊細な印象を持つが丈夫で飼育はしやすい。

02 モリアオガエル

モリアオガエルは森林に生息する日本の固有種。植物が茂るパルダリウム内で容易に飼育することができる。水を溜めるスペースをつくれば最適だ。動きのある流木上にたたずむモリアオガエルは苔むした森によく似合うカエルで、森を守るかわいらしい番人のようにも見える。

60×30×45cmのレプタイルケージに立体的なアレンジを施し、カエルが棲む苔むした森を再現した。背面には凹凸を加えた発泡ウレタンをグルーガンで貼りつけ、その表面を造形材で覆っている。さらに粒のサイズが異なる富士砂を適度にばらまくことで、よりナチュラルな風合いに。ここへホソバオキナゴケやつる性植物のフィカス・プミラなどを配置した。そのほか、ネオレゲリアやクリプタンサス、グズマニアといったブロメリア類や、ビカクシダ、プテリス、テーブルヤシ、クロトン、フィットニア、ヒポエステスなどを植栽している。

おもに森林に生息する樹上棲のモリアオガエル。枝を自由に登り下りして動きまわっている。

ナチュラルな壁面の加工は、発泡ウレタンと造形材、富士砂を利用してつくっている。

03 ツノガエル

目の上にあるツノ状の突起が名前の由来となっているツノガエルの仲間。南米の森林などに分布する地表性のカエルだ。あまり活動的な種類ではないが、カエルのなかでは大型なので、繊細な植栽を施したレイアウト内での飼育は不向き。

そこで、ツノガエルの頭上をグリーンで彩るパルダリウムを提案しよう。枝状のコルク材を利用し、エピウェブのシンシックとハイグロロンを使ってネペンテス・ホワイトビューティーやハイゴケ、タマシダ・ダッフィーなどを植え込む。これを幅30cmのパルダリウムケージにシリコンで接着している。

クランウェルツノガエルが棲む底面には、全身がすっぽりと潜れる深さに専用の床材（ハスクピート／マルカン）を敷いている。乾燥しないように定期的に霧吹きを行いたい。ツノガエルをしっかり飼育しながら、植物の育成も十分に楽しめるアレンジといえる。

ベルツノガエル

ツノガエルの代表種。突起状の角はあまり発達しておらず、ツノガエルのなかではもっとも丸味を帯びた体形をしている。複雑な迷彩模様を基調にカラーバリエーションも豊富。餌づけもしやすく飼育しやすい。

クランウェルツノガエル

ベルツノガエルと双璧をなす流通量でバリエーションも豊富な種類。容姿はベルツノに非常によく似ているが本種の方がやや小ぶりで角が目立つ。

アマゾンツノガエル

背中部分に入る模様が特徴な種類で、カラーバリエーションは少ない。他種に比べると魚食傾向が強く、やや神経質な面も見せるが慣れれば人工フードも食べてくれる。

04 サラマンダー

陸生有尾類のサラマンダーもパルダリウムで飼育しやすい生き物だ。自然界ではやや冷涼な環境に生息し、湿度の高い環境を好むので乾燥には注意して定期的に霧吹きを行うようにしたい。また、寒さには強いので、冬場の管理はとても楽。とくにヒーターなどは必要ないが、問題なのは夏場の高温対策だ。室内が30℃を超えるような環境では最悪の場合、死に至ってしまうケースも多い。夏場はクーラーなどを用いて、常時室温は高くても28℃程度に抑えるようにしたい。

作例では幅30cmのパルダリウムケージを使い、ネオレゲリアやクリプタンサス、ティランジアといったブロメリア類を中心に植栽。コケはコフサゴケを配置した。収容したファイヤーサラマンダーが活動できるスペースを確保し、手前には少し水が溜まるようなレイアウトに。細かい枝が特徴のドワーフシュラブ流木を壁面に配置して、景観に変化をつけている。

マダライモリ

派手な色彩で近年高い人気を誇る小型種。国内でもブリーダーによって繁殖がされており、養殖個体が多く流通し、入手性も高い。繁殖を狙うのなら水場が必須。

タイガーサラマンダー

比較的大型に成長し、多様な種類が存在する代表種。食欲旺盛で飼育は容易。水への依存度が他種よりやや強い。

ファイヤーサラマンダー

ヨーロッパに広く分布する美しい種類。多くの亜種があり、海外で養殖された個体を中心に流通する。

ヒョウモントカゲモドキ

今もっとも人気が高い爬虫類といえば、この
ヒョウモントカゲモドキ（レオパードゲッコー）
だ。もともとは西アジアの乾燥地帯に生息す
る地表棲のヤモリの仲間。品種改良が盛んに
行われ、個性的な品種が多数出回っている。

幅30cmのパルダリウムケージには、乾燥に
強いティランジアと多肉植物のハオルシアをア
レンジ。木の質感が特徴のウッドストーンを組
み合わせて、セメントで固定し立体的な地形を
演出。石の窪みを利用してティランジアを配置
した。乾燥を好むヒョウモントカゲモドキでも、
水飲み場は必要となる。また、定期的に植物
にも霧吹きをすることで、適切な飼育環境が
できあがる。

ホワイトアンドイエロータンジェリン。

ティランジアはイオナンタやカピタータ
レッド、アンドレアーナなどを配置。

アフガン

ヒョウモントカゲモドキの原種。細かな斑点模
様とワイルドな雰囲気が魅力。一部の繁殖個
体が流通する。

ハイポタンジェリン

ヒョウモントカゲモドキの代表的な品種。
黒色組織が減少し、オレンジ色の体色が
全身を覆う。

スーパーマックスノー

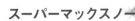

細かなスポットと白い体色、真っ黒の目が特
徴のヒョウモントカゲモドキ。

栽培に役立つ
園芸用語集

ア

赤玉土　あかだまつち
赤土が乾燥した有機質を含まない酸性土。水はけと通気性がよいので鉢物用としてよく利用される。

亜種　あしゅ
植物の分類単位のひとつ。独立の種として扱うほどの特徴はないが、基準となる系統から見て異なった特徴を持つ種類。

育苗　いくびょう
タネをまいてからしばらくの間、苗が生長するまで環境を整えて育てること。

一年草　いちねんそう
1年以内に親株になり、子孫を残して枯死する草のこと。

液肥　えきひ
液状の肥料を液肥あるいは液体肥料という。与えるとすぐに効果が表れる速効性のタイプなので追肥に使う。

園芸品種　えんげいひんしゅ
交配、選抜をして人為的に作った植物。交配種ともいう。

カ

塊茎　かいけい
地中にある茎が肥大化したもの。

塊根　かいこん
地中にある根が肥大化したもの。

学名　がくめい
植物や動物などにつけられた世界共通の名前。ラテン語として表記され、属名と種小名によって構成される。

花茎　かけい
花を咲かせるために出る茎。

花序　かじょ
複数の花をつける枝全体。

化学肥料　かがくひりょう
化学的に合成された無機質肥料。チッ素、リン酸、カリを主成分としている。効果が早く表れる速効性と、ゆっくりと長く効く緩効性がある。

活着　かっちゃく
植え替えた苗や挿し芽などをした植物が、発根して新芽を伸ばし、しっかりと根づいて生育すること。

株元　かぶもと
植物の地際に触れている部分。

株分け　かぶわけ
根株を分割して繁殖させる方法のひとつ。地際から側芽を出す宿根草の株を複数に分ける。

カリ
カリウムのこと。チッ素、リン酸とともに肥料の三要素のひとつ。根の発育を促すことから、根肥とも呼ばれる。

軽石　かるいし
水はけをよくするために容器の底に入れる素材。

潅水　かんすい
水を与えること。地表潅水、底面潅水、滴下潅水、頭上潅水などがある。

帰化植物　きかしょくぶつ
外来植物のうち野生化した植物のこと。

休眠　きゅうみん
寒いときや暑いときなどに一時、生長を休止すること。休眠中は水やりの頻度を減らしたり、種類によっては断水する。

鋸歯　きょし
葉の縁がギザギザに切り込まれた形になっているもの。

群生　ぐんせい
株が殖えてたくさん集まっている状態をいう。種類によって、ひとつの株がそのまま大きくなっていくタイプもある。

珪酸白土　けいさんはくど
鉢穴のない容器で植物を育てるときに使う。根腐れを防ぐのが目的で根腐れ防止剤とも呼ばれる。

化粧砂　けしょうずな
鉢土の表面を覆う装飾用の砂。桐生砂や富士砂が代表的。

結実　けつじつ
花が受精して種子ができること。

原種　げんしゅ
人為的に改良されていない野生の植物。

固有種　こゆうしゅ
特定の地域にのみ自生している種のこと。

混植　こんしょく
鉢や花壇に何種類かの植物を混ぜて植えること。各植物の好む環境、草丈や葉色をバランスよく組み合わせるとよい。

サ

挿し芽　さしめ
切り取った芽を苗床に挿して新しく根や芽を出させること。

受粉　じゅふん
花粉が雄しべの柱頭につくこと。

素焼き鉢　すやきばち
陶器は表面にうわ薬を塗って焼くが、このうわ薬を塗らないで焼きあげること。うわ薬を塗った鉢よりも通気性が高い。

生長点　せいちょうてん
植物が生長していく組織のある部分。茎の先端や株元など、種類によって異なる。

節間　せっかん
葉が茎に着生する部分を節といい、隣り合わせの節と節の間のことを節間という。おもに日照不足だと節間が長くなる。

施肥　せひ
肥料を与えること。

造形材　ぞうけいざい
容器の床材や壁面にはりつけたり、自由な形に成形できる用土。コケなどを着生させて育てられる。

速効性肥料　そっこうせいひりょう
効きかたの早い肥料のこと。1回で多量に施すと害があるので少しずつ分けて施す。

タ

多年草　たねんそう
長年にわたって成長し、開花結実する草本植物のこと。

遅効性肥料　ちこうせいひりょう
効きかたの遅い肥料。油かすなどがある。一度に多く施しても害は少ない。

チッ素　ちっそ
カリ、リン酸とともに肥料の三要素のひとつ。葉の色を濃くし、生育を促す効果があるので葉肥とも呼ばれる。

着生　ちゃくせい
植物が木や岩などの表面に固定して生長すること。

直根　ちょっこん
太い根がまっすぐに伸びる性質。

追肥　ついひ
植物の生育期間中に施す肥料。肥料の種類や量、施肥の回数や時期は、植物の種類や生育状況などで異なるが、一般には速効性肥料を用いる。

徒長　とちょう
日照や養分不足などで、茎がひょろひょろと長く伸びる状態。

ナ

ナーセリー
育苗を行っている場所のこと。

根腐れ　ねぐされ
根が腐ること。水の与えすぎなどさまざまな要因が考えられる。

根詰まり　ねづまり
鉢の中で植物の根が繁茂しすぎ、生長に悪影響が出ること。

根鉢　ねばち
鉢のなかなどで、植物の根と根についた土壌の集まりのことをいう。

根伏せ　ねぶせ
増殖方法のひとつで、生きた根を切り取って土に挿し、発芽・発根させる方法。

ハ

培養土　ばいようど
植物の栽培用に赤玉土や腐葉土、肥料分などがブレンドされた用土。

葉挿し　はざし
葉を切りとって土に挿し、根づかせる繁殖法のひとつ。

鉢増し　はちまし
ひとまわり大きな鉢に植え替えること。

葉焼け　はやけ
強い光線や水枯れによって傷み、葉が茶色に変化してしまうこと。

半日陰　はんひかげ
1日のうち3〜4時間ほどしか日が当たらない場所、もしくは木漏れ日が当たる程度の場所。

肥料三要素　ひりょうさんようそ
作物の生育には16の成分が必要とされており、おもな成分はチッ素、リン酸、カリの3つ。これを肥料三要素という。

斑入り　ふいり
植物に斑が出ている状態をいう。斑とは、葉や花びら、茎、幹に出る、本来の色と異なる色のこと。

腐葉土　ふようど
落ち葉が堆積して発酵分解され土状になったもの。保水性と通気性に富み、他の用土と混合して使われる。

変種　へんしゅ
植物の分類単位のひとつで、基準となる系統からみて違いがある種。亜種ほど際立った特徴をもたない。

マ

実生　みしょう
種子からその発芽によって育った植物。時間はかかるがたくさんの苗がとれる。

水切れ　みずぎれ
水が不足、またはゼロで乾燥している状態のこと。

水苔　みずごけ
湿地に生える鮮苔類を乾燥させたもの。保水力に富み、乾燥を防止するときなどに使われる。

ミスティング
霧状に水が発生する装置を使って、水やりを行うこと。

元肥　もとごえ
株の植えつけ時、土にあらかじめ施しておく肥料。

ヤ

有機質肥料　ゆうきしつひりょう
油かす、魚肥などのように、有機質を含んでいる肥料。これに対して化学肥料を無機質肥料という。

寄せ植え　よせうえ
ひとつの容器に複数の種類の株を植え込むこと。

ラ

ロゼット状
葉が花のように株元から放射状につく植物の姿をいう。

ランナー
親株から伸びる細い茎で決まった間隔で子株をつける。

流木　りゅうぼく
レイアウトに用いられる木の天然素材。さまざまな種類や形状のものが販売されている。

ワ

矮性　わいせい
普段より草丈の低い状態で生育する性質。

監修　小森智之（こもりともゆき）

1984年京都府生まれ。アクアリウムショップ「アクアテイラーズ神戸駒ヶ林店」勤務。造園のノウハウと水槽アレンジの技術を生かし、多彩なパルダリウムを制作。大胆な構図と繊細な植栽が特長で、長く育成が楽しめるパルダリウムを提案している。

アクアテイラーズ

大阪府東大阪市に本店を構える大型アクアリウムショップ。早い段階からパルダリウムに力を入れ、普及に努めてきた。パルダリウムケージやレイアウト素材、植物にいたるまで、さまざまなアイテムを取りそろえている。

パルダリウム制作協力

石村一樹（アクアテイラーズ東大阪本店）
太田英里華（アクアテイラーズ東大阪本店）
亀田紘司（アクアテイラーズ神戸駒ヶ林店）
廣瀬泰治（ヒロセペット谷津店）
村上貴則（アリオンジャパン）
小野健吾（ゼロプランツ）
青木真広（アクアステージ518）

取材撮影協力

アクアステージ518、アクアテイラーズ、アクアフォーチュン、アリオンジャパン、ケイズブロメリア、スピーシーズナーセリー、ゼロプランツ、ピクタ、ヒロセペット谷津店、ワイルドウインド

STAFF

表紙・本文デザイン　横田和巳（光雅）
写真撮影　平野 威、佐々木浩之
編集・執筆　平野 威（平野編集制作事務所）
企画　鶴田賢二（クレインワイズ）

｜栽｜培｜の｜教｜科｜書｜シ｜リ｜ー｜ズ｜

パルダリウム
小さな温室で楽しむグリーン・インテリア

2020年4月12日　初版発行

発行者　笠倉伸夫
発行所　株式会社笠倉出版社
　　　　〒110-8625　東京都台東区東上野2-8-7 笠倉ビル
　　　　📞 0120-984-164（営業・広告）
印刷所　株式会社光邦